ঊষা দিশাহারা নিবিড় তিমির আঁকা

প্রগতি ব্যানার্জি

BlueRose ONE.com
Stories Matter
NewDelhi • London

BLUEROSE PUBLISHERS
India | U.K.

Copyright © Pragati Banerjee 2024

All rights reserved by author. No part of this publication may be reproduced, stored in a retrieval system or transmitted in any form or by any means, electronic, mechanical, photocopying, recording or otherwise, without the prior permission of the author. Although every precaution has been taken to verify the accuracy of the information contained herein, the publisher assumes no responsibility for any errors or omissions. No liability is assumed for damages that may result from the use of information contained within.

BlueRose Publishers takes no responsibility for any damages, losses, or liabilities that may arise from the use or misuse of the information, products, or services provided in this publication.

For permissionsrequests or inquiries regarding this publication, please contact:

BLUEROSE PUBLISHERS
www.BlueRoseONE.com
info@bluerosepublishers.com
+91 8882 898 898
+4407342408967

ISBN: 978-93-5989-292-4

Cover design: Muskan Sachdeva
Typesetting: Rohit

First Edition: February 2024

উৎসর্গ

সেই সব পরিযায়ী শ্রমিক ভাইদের, যাঁরা, করোনা-কালে ক্রোশের পর ক্রোশ নগ্ন পায়ে হেঁটে, শুধু হেঁটে বাড়ি ফিরতে গিয়ে প্রাণ হারালেন। এই বই আমার সেই ভাইদের আর তাঁদের পরিবারের প্রতি শ্রদ্ধার্ঘ্য।

ঋণস্বীকার

আমার গুরু পূজনীয় শ্রীমৎ স্বামী শিবময়ানন্দজী করোনা-কালে আমাকে শিখিয়েছেন, মানুষের সেবাযজ্ঞই প্রকৃত ধর্মাচরণ।

আমার মনন জুড়ে রবীন্দ্রনাথ ঠাকুরের অমোঘ প্রভাব আবাল্য। এখানে এইটুকু বলি যে এই বইয়ের নাম তাঁর লেখা 'দুঃসময়' কবিতা থেকে নেওয়া।

আমার বাবা শ্রী প্রভাত কুমার বন্দ্যোপাধ্যায় আমাকে প্রথম পাঠ দিয়েছেন, ভারতীয় সংবিধানের এবং কর্তব্যপরায়ণতার।

আমার ছোটবেলার প্রিয় শিক্ষিকা শ্রীমতি শিউলি বড়াল আমাকে বাঙলা সাহিত্যের প্রথম পাঠ দিয়েছেন।

ভূমিকা

একে অপরকে ব্যস্ত সাব্যস্ত করে,
এড়িয়ে যাওয়াই রীতি এখন শুকনো নমস্কারে।
কিন্তু, শুকনো পাতায় পা ফেলে মর্মর-ধ্বনি তুলতে,
জীবনে একবার না একবার প্রত্যেকের-ই ইচ্ছা হয়।
চারপাশের যন্ত্রণারা কান্না আনে; আমি পারি না অবসাদ ভুলতে।
আজ, হাসপাতাল-বন্দী দিনে, মন অবসাদে নিভু-নিভু;
এখন প্রার্থনা-
আমার যন্ত্রণারা সামান্যতম হলেও সৃজনাত্মক হোক্ প্রভু!

ঘৃণার আবহে পৃথিবী আঁধারময়। যুদ্ধের দাম্ভিক দামামায় প্রাণ নিপীড়িত; হিংসার বাড়বাড়ন্তে মন নিরাপত্তাহীন; বিলাসমত্ততায় পরিবেশও বিপন্ন। চারপাশে যা ঘটে চলে, মানবমনে তার প্রভাব অনিবার্য। অস্থির এই সময়ে দাঁড়িয়ে, এই কবিতাগুচ্ছ লেখা হয়েছে অস্ত্রোপচার-এর পরে চিকিৎসাধীন থাকাকালীন।

আমার হাসপাতাল-বন্দী দিনগুলিতে, বিবিধ অনিশ্চয়তা আর অবসন্নতার মাঝে, এলোমেলো, কিন্তু স্বতঃস্ফূর্ত কিছু লেখালেখি

করে, আমি নিজেকে উদ্বুদ্ধ রাখার চেষ্টা করেছিলাম। এই বই তারই ফসল।

সূর্য উদয় হবে, করলে মনস্থির,
কোনো মেঘের ক্ষমতা নেই তাকে আচ্ছন্ন করে রাখার;
যতটুকু অবগুণ্ঠন, সে শুধু নিমেষ মাত্রের।

বিবিধ অবসাদের মধ্যে, এই কবিতাগুলি লেখা হয়েছে স্বতঃস্ফূর্তভাবে, শুধু শান্তির প্রার্থনায়। আমরা যেন ঘৃণার দুষ্টচক্রের আবর্তে পড়ে, পরস্পরকে ভালবাসতে ভুলে না যাই।

সূচক

প্রিয় দেশ

আমার প্রিয় দেশে.......২
ভয় কেবল, নানাবিধ ভয়.......৩

শ্রদ্ধার্ঘ্য

আমাদের রবীন্দ্রনাথ.......৬
শ্রদ্ধেয় সুকুমার রায়ের মৃত্যুর শতবর্ষ পেরিয়েও স্মরণ করছি তাঁকে.......৭
কবি শঙ্খ ঘোষকে শ্রদ্ধার্ঘ্য.......৮
গৌরী লঙ্কেশকে শ্রদ্ধার্ঘ্য.......৯
জোশীমঠ.......১০
সারস্বত.......১২

এই দেশ এই কাল

প্রতিশ্রুতি অনেক ছিল.......১৪
পকেটে আর্ত শীত.......১৫

যে সয় সে রয়	১৬
আমরা থাকব কোন্‌খানে	১৭
দধীচি শ্রমিকদের	১৯
ধুলোয় পা আছড়ে	২০
অসতো মা সদ্‌গময়ো	২১
প্রত্যাশিত	২২
খুব চেনা চায়ের গেলাস	২৩
ডিজিটাল শৈশব	২৪

কোথাও কোনো অনুশোচনা নেই

দরিদ্রের ঘর ভেঙ্গে	২৬
আখলাক যেদিন	২৭
দলিত	২৮
ত্রিপল-ঢাকা দারিদ্র্য	২৯
জোশীমঠ তলিয়ে গেছে	৩০
এত মৃত্যুমিছিল... তার পরেও!	৩১
আমরা ধর্ম খুঁজি অন্তরতরতায়	৩২

দশভূজা

ছাদবাগান	৩৪
দশভূজার চলার পথে	৩৫
ত্রিনয়নী	৩৬
আজ দিন মানবী হয়ে ওঠার	৩৭

আমার ধর্ষিতা-লাঞ্ছিতা বোনেদের ব্যথায় সমব্যথী হয়ে লেখা পংক্তি ক'টি

ফুলের পাপড়িতে হিংসা মুছে ৪০

যে সোনার মেয়েরা ৪১

সহমর্মিতাকে ডাকো আজ ৪২

অবসাদ ধুতে চাই আমি ৪৩

বিষের সাথে যুদ্ধ ৪৪

এবার ভালবাসার কথা হোক্

আমার দেশ নদীমাতৃক ৪৬

কোভিড-নাইনটিন ৪৭

ভালবাসার বোধন অমোঘ প্রয়োজন ৪৮

বন্ধু এসো সুগন্ধী ছড়াই ৪৯

রাখিবন্ধন ৫০

রাবীন্দ্রিক ৫১

ঈশ্বরানুসন্ধান ৫২

শীতলপাটি ৫৩

উপসংহার

বিশ্বাস ৫৬

ভালবাসা ছাড়া কাউকে চিনিনা ৫৭

লিট্ল ম্যাগাজিন মেলা ৫৯

জীবে প্রেম করে যেইজন, সেইজন সেবিছে ঈশ্বর ৬১

প্রিয় দেশ

আমার প্রিয় দেশে

আমার প্রিয় দেশে এক দশক-
মানুষ মানুষকে মানুষ বলে চিনতে পারে না।
কি তোমার ধর্ম? কে তোমার ঈশ্বর?
কোন্ রঙে রাঙিয়েছ কাপড়? বলো আগে বলো!
এ-ও যেন মারী এক, অভিশাপ নিষ্ঠুরতার।
কথা যদি বলো, তবে মেপে বলো।
প্রার্থনা যদি করতে চাও, আগে অনুমতি নাও।
হৃদয় চিরসখার শরণাগত হয়ে থাকতে চায়;
ভয়ের মালা জপে অবচেতন।
এত ভয়! ঘৃণার এই কাদা-গোলা নিকষ অন্ধকার-
সাঁতরে পার হয়ে, জীবনযুদ্ধ সেরে,
কোনোক্রমে দিনগত পাপক্ষয় করে-
আমরা পৌঁছোতে চাইছি কোন্ কৃষ্ণগহ্বরে?
কোথায় চির-চেনা সে ভালবাসার সুর আর গান?
আসুরিক ইন্দ্রজালে জড়িয়ে পড়ে,
আজ প্রয়োজন মনোযোগী আত্মানুসন্ধান।
আমার ভালবাসার দেশে এক দশক হায়!
মানুষ মানুষকে মানুষ বলে চিনতে ভয় পায়।
ভাইয়ের সাথে দ্বন্দ্বে মেতে, হেলায় হারিয়ে মানবজন্ম,
কোন্ দুর্ভাগা কৃষ্ণগহ্বরে প্রবেশিতে চায়?
আমরাও চাইনি, আমরাও চাইনা। তাই, দেশমাতা!
এখন শরণাগতি মাত্র সম্বল; প্রার্থনা করি:
আমার দেশের জল-বাতাস-মাটি-আশা-ভালবাসা
যেন আবার চিনে নিতে পারি, হে ভাগ্যবিধাতা!

ভয় কেবল, নানাবিধ ভয়

ভয় কেবল; নানাবিধ ভয়।
ধর্ষণের, জীবন-জীবিকা-অধিকার হরণের,
ফ্রিজ খুলে, খাবার খুঁজে বিধর্মী ঘোষণার,
মাথার ওপর ছাদ হারাবার, ডাল-রুটি টুকুও হারাবার,
অতঃপর অবশিষ্ট সম্মান হননের।
ধনে-প্রাণে-মনে... সারা হতে হতে...
নত হয়েই চলতে থাকতে হয়।
একা হলেই অন্ধকার খামচে ধরতে চায়।
আমার, আমাদের- সন্তান দুধে-ভাতে থাকতে কি পায়?
ভয় কেবল হা-হা অট্টহাস্যে ফেটে পড়ে।
 ঘৃণার সাথে হাত মিলিয়ে, দম্ভ এখন আকাশ-চুম্বী তার।
শিরদাঁড়া এতদিনে নড়ে-চড়ে বসে আমার, আমাদের।
এখনও যদি কোনও প্রশ্ন না করে, ভয়কে ভয় পাই,
এখনও যদি ঘৃণাকে প্রত্যাখ্যান করে, ভালবাসাকে স্বাগত না জানাই,
তবে, আশঙ্কা:   বিবর্তনবাদ শুধু সিলেবাস থেকেই নয়,
আমাদের জীবনচর্যা থেকেও হবে লুপ্তপ্রায়!
এতবিধ ভয়, তার মাঝেও বিশ্বাস রাখতেই হয়:
ছোটোবেলার রূপকথারা এই তো শিখিয়েছিল-
সবরকম ভয়ের শেষে আছে যুদ্ধজয়;
সবরকম ভয়ের শেষে জীবন শান্তিময়।
সবরকম ভয়ের শেষে প্রয়োজন নতুন সূর্যোদয়।

শ্রদ্ধার্ঘ্য

আমাদের রবীন্দ্রনাথ

বাসের জানলা দিয়ে যখনই দেখেছি তোমার প্রতিকৃতি বিশালকায়,
ক'টি পংক্তি ভিড় করে এসেছিল মাথায়।
ক'টি পংক্তি, যারা একটি কবিতা প্রসব করতে চায়।
কবিতাটি জন্ম নিল না লজ্জায়।
আমরা যারা বিপদে-সম্পদে তোমার গান গাই,
আমরা যারা তোমার অক্ষরে ব্রহ্ম খুঁজে পাই,
আমরা যারা বিশ্বাস করেছি:
নির্জন, অন্ধকার রাতে ধর্ষকামীর বিকৃত মন-
করেছে পরিবর্তন- হঠাৎ বেজে ওঠা তোমার গান!
সেই তোমাকে, আজ একটি নির্লজ্জ প্রস্তরফলকে-
 খুঁজে না পাওয়ার লজ্জায়-
এ চিঠি লিখলাম তোমায়।
তোমারই প্রাঙ্গনে নাম তোমার-
থাকে না যে প্রস্তরফলকে,
সেই ফলকটিকে কিছু বলার নেই আমার।
নিজেকে এবং সন্তানসম পরবর্তী প্রজন্মকে বলার আছে:
রবির আলো পদদলিত হয়ে দাসত্ব করে না;
 তার চিত্ত ভয়শূন্য; সে শুভাশিস ঢালে মাথার কাছে।

শ্রদ্ধেয় সুকুমার রায়ের মৃত্যুর শতবর্ষ পেরিয়েও স্মরণ করছি তাঁকে

কবি! তুমি কৌতুকের মিঠে দ্রবণে, অথচ সাহসী অভিযানে-
ভয়ার্ত, ন্যুব্জ জীবনে চরৈবেতি মন্ত্র ঢেলে দিয়েছ প্রাণে।
সে বোধে প্রতিষ্ঠিত হয়ে চেতন বোঝে আজ,
যখন, ঘোর আস্ফালনে মত্ত অতি-আচার;
ঘা-মেরে বাঁচিয়ে তোলা কৌতুক তোমার-
নতুন করে চোখে আঙুল দিয়ে বোঝায় আমাদের:
আমরা নাগরিক।আমরা নাগরিক গর্বের গণতন্ত্রের।
নই ন্যুব্জ, নই কুব্জ, নই আবহমানের ভাঁড়।
শব্দের মালা গেঁথে মিঠে রসে তোমার ভয় ভাঙানোর অভ্যাস-
বিষাক্ত বাতাসে আনে **জীবনের শ্বাস।**
আপ্লুত পাঠক তোমার এই বোধে কবি!
হাজার বছরের পথ হাঁটা যেন হয়ে ওঠে ছবি।
এমন ভয়-ভাঙা মন্ত্রে জেগে উঠে সার্থক-
এক জীবনের পথ হাঁটা।
নিমেষে নিরসন হয় রোগযন্ত্রণার; উৎপাটিত অবসাদ-কাঁটা।
ভয়ের আবহেও, এই মন্ত্রে রক্তে নির্ভীকতা বহমান;
সূর্যের কড়া নাড়ার অপেক্ষায় বেঁচে ওঠে মুমূর্ষু প্রাণ।

কবি শঙ্খ ঘোষকে শ্রদ্ধার্ঘ্য

কবি আছে, কবির কলম লিখছে কোথাও- জানি আমি;
সে সোনার কলমের প্রার্থনা স্পর্শ করুক আলো!
কল্পতরুর চৌকাঠে পা রাখুক সে সূর্যালোক সংগ্রামী!
সকালের রোদে ধারাস্নান যেমন ধুয়ে দেয় অবসাদ,
বহতা নদীর স্রোতের মত, পাহাড়ি ঝর্ণার মত-
কবির প্রার্থনা অকপট, নিখাদ।
আমার ভাবনার প্রকাশ হোক,
        তোমার নির্ভীক কলমের মত নিঃশর্ত।
রচিত হোক স্তবপ্রিয়ার কল্যাণী কথকতা!
তোমার আশীর্বাদে স্তবপ্রিয়ার স্তব শান্তির বীজ করুক রোপণ
সেই সবখানে-
যে যেখানে ভুলেছে ভালবাসতে;
বিবাদকে ছুটি দিয়ে, সেই সব মন-বন-গৃহকোণ-
ভরে উঠুক মাঙ্গলিক গীতে।

গৌরী লঙ্কেশকে শ্রদ্ধার্ঘ্য

বিনিদ্র রাতের পরে যে সকাল হয়,
সে সকাল ক্লান্ত হলেও আলোময়।
তুমি নেই আজ, তবু তোমার সাহস আলো জ্বালায়।
তোমার শব্দ আজও গাছের পাতায় পাতায়,
বিন্দু বিন্দু শিশিরের মত; যেমনভাবে ভোরের পাখি গায়।
বাস্তবেই হোক, বা কাব্যে, অথবা অনুভবে,
তোমার নির্ভীক বিশ্বাস এখনও বহাল, যে হবে সকাল।
প্রকৃতি নিজের হাতে বন্ধ খামে চন্দ্রালোক পাঠায় যাকে,
পারিপার্শ্বিক যত ক্ষত, তার নিরাময়-
চন্দ্রালোকের মায়াপরশে হবার এই তো সময়!
এই বিশ্বাসে ভর করেই আমি, আমরা তাকাই-
দিগন্তের দিকে, যার কোনো সংকীর্ণতা নেই,
অপার করুণা, সেখানে বরাভয়,
মৃন্ময়ীরা চিন্ময়ী হয়ে ওঠে সেখানেই।

জোশীমঠ

নগরোন্নয়ন মানবসভ্যতাকে বলছে:
তোমার কি মনে হয় না, আমি ব্যর্থ?
কে কার প্রশ্নের উত্তর দেয়? কোথাও নেই সাড়া।
উড়ন্ত গাংচিল তখন অধরা।
তবুও কি অনিবার্য নেশায় হেঁটে চলেছি...
অদৃষ্ট ধ্বংসের দিকে দিশাহারা...
আজ চোখের সামনে পাতাল-প্রবেশ ঐতিহ্যের!
আজ, সময় হয়েছে, মানবের বলবার:
ফিরিয়ে দাও, ফিরিয়ে দাও-
ক্ষমার সাথে আর একবার;
ধবংসের খেলাশেষে, নতুন করে গড়ো এবার।

কৃত্রিম বুদ্ধিমত্তা যখন মানুষের সুস্থ-স্বাভাবিক সৃষ্টিশীলতাকেও গ্রাস করে নেবার চেষ্টায়, তখনও যাঁরা ভয়শূন্য চিত্তে লিখে চলেছেন, যাঁরা আজকের সমাজের রুগ্নতার ভাষ্যকার, দেশ-কালের সংকীর্ণ গন্ডি ছাড়িয়ে, সেই সব শ্রদ্ধেয় সাহিত্যিকদের আমার শ্রদ্ধাবনত অভিবাদন।

সারস্বত

শব্দই ব্রহ্ম; শব্দে সত্যের অবাধ সঞ্জনন,
 কলম সততই সততায় মেলে ধরে মানব-মন।
সত্যের আলোর প্রবেশ নিষিদ্ধ হয়েছে যে অন্ধগলিতে,
সেখানে উচ্চশির এঁকেছে জীবন নির্ভীক তুলিতে;
সেখানেই ভয়শূন্য চিত্ত বারবার গড়েছে জীবন- রুদ্ধদ্বার খুলতে।
সেখানে ঘাত-প্রতিঘাত যতই পোড়ায়,
কর্মযোগীর কলম অক্লান্ত নিরলস- সত্যের ঘোষণায়।
তাই, আঘাত-প্রত্যাঘাত নয়, ভালবাসাই সত্যি কথামৃত শ্রবণান্তে।
অন্ধগলির মিথ্যা নয়; সারস্বত স্তবপ্রিয়তায়-
তাদের কলম বারবার সত্যি বলবে।
মানবতা হারাবে না মিথ্যা সংকীর্ণতায়,
মানবতা হারাবে না হৃদয়হীন কৃত্রিমতায়।

এই দেশ এই কাল

প্রতিশ্রুতি অনেক ছিল

প্রতিশ্রুতি অনেক ছিল!
প্রতিশ্রুতি ছিল হাত ঘুরিয়ে মোয়া দেওয়ার;
সে একরকম অসম্ভব শোনালেও,
আমরা বিশ্বাস মেনেছিলাম, অথবা ভেবেছিলাম,
দিতে পারাটা অস্বাভাবিক কিছু নয় তার।
অতঃপর এসব ক্ষেত্রে যা ঘটে থাকে, এবং যা হয়-
অজস্র হাততালি, এবং কোনো প্রশ্ন নয়।
আমরা দেখলাম, দিনের পর দিন,
আকাশের গায়ে চাঁদ পার হল আকাশগঙ্গা,
আর, মাটির বুকে লেলিহান ঘৃণার আগুন...
আমাদের হতবাক করে, বয়েছে রক্তগঙ্গা লাগামহীন।
হাত ঘুরে চলল, শুধু মোয়ার দেখা মিলল না।
তার বদলে, পরবর্তী কিছু দিনে-
থালার কোণে ভাতের শেষ দানাটা মুখে দিতে,
শেষ কড়িটুকুও শেষ, আর গরীবের নুন-ভাতে পেঁয়াজ বিলাসিতা।
এতদিনে তবে, নিজেদের বোধকে ঘা মেরে জাগানোর সময়,
তাকে বুঝতে দেওয়ার সময়-হাত ঘুরিয়ে মোয়া দেওয়ার কথা-
                                        অবাধ ভণিতা।

পকেটে আর্ত শীত

পকেটে দুটি-ই নোট ছিল, আর কিছু খুচরো পয়সা;
খবর শোনার সময় সে পায় না।
পেতে আঁচড়ানো তেলতেলে পাতলা চুল,
কাঁধব্যাগের কেটে যাওয়া চেন;
একটু বোকা-বোকা দেখতে, পকেটে সস্তার ডটপেন;
বাড়ি ফিরতেই বুড়ি মা তাকে বলল:
'খোকা! কাল বাজার হবে কিসে?
সরকার বাহাদুরের ঘোষণা- নোট নাকি সব বাতিল হল?'
বোকা খোকা আঁতকে ওঠে: এও কি হয়?
টিভির পর্দায় দিকে দিকে ঝকঝকে ব্লেজারেরা বলে:
                              'সব মুমকিন হ্যায়!'
তারপরের কয়েক দিন: দীর্ঘ লাইন, ঘামে ভেজা পিঠ;
রোদে দাঁড়িয়ে হাপিত্যেশ- বুড়োর পেছনে বুড়ো;
খোকার পেছনে খোকা; তার পেছনে আরও।
বোকা খোকাদের মায়েরা, বুড়োদের বুড়িরা- উপোসি বসে:
বাজার হবে কিসে?
রোজই লাইনে দাঁড়িয়ে ফেরে ঘামে ভেজা পিঠ;
কেউ কেউ বা ফেরেওনি!
 মাথার ওপর কর্কশ রোদ, পকেটে আর্ত শীত।
কোথাও কোনো শব্দ নেই, প্রশ্ন করা বারণ এখন।
এভাবেই শুরু হয় ভয়ের বেসাতি স্থাপন।

যে সয় সে রয়

তুমি থাকবে, তুমি নও; এই যে তুমি! দেখি ছাপ!
তুমি থাকবে। না, না, তুমি বেরিয়ে যাও! দূর হও!
আর তুমি? তুমি বড় বেশি সত্যি বলো; তুমি থাকো চুপচাপ!
আজ, এ মুহূর্ত থেকে এই নিয়ম।কি বললে? নিয়মটা সর্বনেশে?
তোমার স্পর্ধা তো কম নয়!
গলার স্বর ফুটবে তো, গারদে যদি পুরি ঠেসে?
কথায় বলে: যে সয় সে রয়।
কি বললে? কোন্ অনুচ্ছেদ? বিধান? কি সে ?
কোন্ বইতে কি লেখে, সেসব কথা পরে হবে।
আসল কথা: রাজা যেমন বলে, রইবে তেমনভাবে।

আমরা থাকব কোন্‌খানে

আমার বাবার পিতৃব্য
 জন্মেছিলেন এখানে, এই উঠোনে;
কিন্তু আজ জানলাম, আমার ধর্ম শুধু জানে:
আমি থাকব কোন্‌খানে?
মুখে বলছ ধর্ম; পড়ে আছো ধর্মাচরণে:
আমি হাত জোড় করে প্রণাম করি,
নাকি, হাতের পাতা আসমানে মেলে ধরে নমাজ পড়ি।
আসলে তো দুজনেই সেসময়ে যা বলি, যা করি,
নতজানু হয়ে করি।
অঙ্কও জানে, শূন্য আসলে অসীমের ডাকনাম।
অত্যাচারের রাঙাচোখ সেখানে অনন্তের হাতের পুতুল-
সর্বসাধারণের সে আনন্দধাম।
আমাদের দাসত্ব করালেও,
দাসত্ব নেই পরমাত্মায়; নেই মনের ভাবে;
সে যদি কোনোখানে যেতে চায়, সে যাবে।
না চাইলে যাবে না।
এর জন্য স্বৈরাচারের
অনুমতির অপেক্ষা সে রাখে না।
তাই, সত্যকে স্বীকার করাটাই তোমার কাজ;
কারণ, তাকে অস্বীকার করে, বোধকে শৃঙ্খল পরানো- তোমার সাধ্য নয়।
আমাদের উঠোনে উঠোনে দীপ জ্বেলে চলে যারা সেঁজুতি...
সে দীপালোকে মানুষের অধিকারে বেঁচে থাকার আকুতি।

জানি, দানব জেগে উঠবে আবারও অন্ধকারে; গাঢ় হলে রাত্রি-
আমার ভয় আমাকে ন্যুব্জ করে রাখতে চাইবে,
তবুও, আমার মধ্যে যে ঈশ্বর জাগে, যে আলোর পথযাত্রী,
সে জানে: যত সমবেত, নিঃস্বার্থ প্রার্থনা,
তাকে একদিন সত্যি করে তুলবে সন্ধ্যাদীপের জাগৃতি।

দধীচি শ্রমিকদের

দধীচিদের অবদানেই আমাদের প্রগতি সগর্ব পদচারণায়-
কংক্রিটে বাঁধানো ঝকঝকে ইমারতে, রাস্তায়।
সেই দধীচিরা সময় পেল না- সুস্থ, জীবিত বাড়ি ফিরতে!
ভাইরাসের প্রকোপে বন্ধ রাস্তা, স্তব্ধ যান।
কিন্তু উড়োজাহাজ স্তব্ধ হয়নি হঠাৎ এমন।
বিদেশ-বিভুঁইয়ের মাটি ছুঁয়ে, সগর্বে নেমেছে।
শুধু দধীচিরা মাসের পর মাস পায়ে হেঁটেছে!
ক্ষতবিক্ষত পায়ের পাতা, হাঁপিয়ে ওঠা ফুসফুস:
কেউ প্রশ্ন করল না- এর দায় কতটা ভাইরাসের,
আর কতটা নীতিপঙ্গুতার?
দধীচিদের সন্তানেরা যখন পথ চেয়ে ছিল,
আমাদের মুখ ঢাকা ছিল মুখবন্ধনীতে।
কারও কারও মুখ, মুখোশেও ছিল আবৃত।
সে সব মুখে কথা নেই, নেই উত্তর দেওয়ার দায়।
কোথাও নেই পাপস্খালনের চেষ্টা!
দধীচি! তোমার সেদিনের দুর্দশা
আজও আমাদের ভাসিয়ে নিয়ে যায়।
দধীচি! তোমার কান্না-ঘাম-রক্তের স্রোত
আজও নষ্ট ভ্রষ্টতায় ভাসিয়ে নিয়ে যেতে চায়।

ধুলোয় পা আছড়ে

ধুলোয় পা আছড়ে... ব্যর্থ বায়না করে চলে শিশু;
কৃষক-পত্নী রুটি সেঁকতে ব্যস্ত খোলা আকাশের নীচে;
আর কৃষক ব্যস্ত-
তার পেটে লাথি মারতে উদ্যত শ্রীচরণযুগলকে-
করতে নিবৃত্ত।
দিন যায়, দিন আসে;
বৈঠক বসে, বৈঠক শেষ হয়...
কৃষকের পরিবার শুয়ে থাকে ঘাসে।
বৈঠক শেষ হয়, বৈঠক বসে,
ধোপ-দুরস্ত নিভাঁজ পোষাকে যারা আসে,
তারা দু-চারটি ভারি কথা বলে;
চা পান করে তকতকে পেয়ালায়।
তারপরে একসময় বলে:
'চা হবে, গল্প হবে, আবার ডাকব আপনাদের।'
নতুন করে শুরু হয় অপেক্ষা- চায়ের নিমন্ত্রণের।
ধুলোমাখা পা নিয়ে ওরা ফিরে আসে
খোলা মাঠে, উত্তুরে হাওয়ায়।
সে হাওয়া ওদের হাড়ে কাঁপন ধরায়।
বৈঠকে পেটে মারা লাথি নিয়ে কথা হয় না আর।
ধুলোয় পা আছড়ে ব্যর্থ বায়না করে চলে শিশু...
কৃষকের শিশু, শিশু আমাদের।

অসতো মা সদ্গময়ো

ঘুঁসির পরে ঘুঁসি পড়ছে... মাথায়...মুখে...পিঠে...
এবার লাথি উঠে এল এলোপাথাড়ি!
সঙ্গে হুমকি:
'এইবেলা আমার আরাধ্যের নামে জয়ধ্বনি দাও!
নইলে আজ তোমার প্রাণটাই কাড়ি!
এখন থেকে বহাল এই নিয়ম:
কার কাছে তুমি প্রার্থনা করবে-
সে আমরাই করে দেব নিয়ন্ত্রণ।
ভিন্ন তোমার ধর্মবিশ্বাস!
তার ওপর স্পর্ধা এত? ভিন্ন খাদ্যাভ্যাস!
বুঝিয়ে দিচ্ছি যেভাবে পারি, যতরকমে পারি-
প্রাণনাশেই হোক, বা গুঁড়িয়ে তোমার বাড়ি।
এই ঘৃণার আবহ দেখলেন ঈশ্বর, অবাক হলেন;
ক্রুদ্ধ হলেন; তবুও, প্রেমমূর্তি তিনি।
বারকয়েক নিজেকেই বললেন: 'ক্ষমো! এরে ক্ষমো!'
তারপর, চোখে টলটলে জল নিয়ে স্বয়ং উচ্চারণ করলেন:
           'অসতো মা সদ্গময়ো!'

প্রত্যাশিত

মুঠোর পর মুঠো আকাশের দিকে উঁচিয়ে... উৎসাহ ব্যাকুল;
দিচ্ছে জয়ধ্বনি; আশা অশেষ...
তুমি রাজা হও - এই শুভাশিস।
অতঃপর এক দশকের কেটে যাওয়া; এবং আজ-
পেটে প্রবল খিদে, দুহাত কর্মহীন।
আশীর্বাদি হাতগুলি নিস্তেজ- দারিদ্র্যে দীন।
ঘৃণার আবহে ভয় পেতে...পেতে...পেতে...
মনমরা মন এখন ভাবে অবসাদে-
আশীর্বাদ ছিল তো নির্ভেজাল।
তার ফল কি আজকের এই ক্রান্তিকাল?

এরপর, ওদের একদিন রাস্তায় শুইয়ে,
বুকের ওপর চাপানো হল ভারি বুট!
সেদিন, তার খুব কাছেই চলছিল গৃহপ্রবেশের উৎসব!
যে বীরাঙ্গনা-বুকে সোনার অভিজ্ঞান সেজেছে একদিন,
আজ সে বুকে বুটের খোঁচায় উৎসব অবশ্য হল না মলিন!
 কি হয়েছে কি হয়নি, সে আলোচনা হবে অন্যদিন।
আগে বলো! এই তো বহু-প্রত্যাশিত ভাল দিন!

খুব চেনা চায়ের গেলাস

'গেলাস' শব্দটি আজ
 কিঞ্চিৎ মমতামাখা মনে হয়;
সেদিনের পর থেকে।
মনে পড়ে যায়, একা কোনো চা-দোকানে দাঁড়ালেই।
ত্রিমাত্রিক গেলাসের ছবি নয়;
ঐ মমতা-মাখা আঙুলগুলির জন্য সহমর্মিতা জেগে ওঠেই।
সেদিনের পর থেকে:
যেদিন তোমার পিঠে লাঠি পড়ল!
ট্রেনে চা বিক্রির অপরাধে!
তোমার পাশে, স্কুল-ফেরত নাতনির কচি হাত ধরে,
পা-দানিতে পা রেখে-
কোনোরকমে, বাড়ি ফিরতে চাইছিল যে বৃদ্ধ, যে কম দেখে চোখে-
তারও পিঠে পড়ল লাঠি! কে জানতে চায় সে যে কে?
সে আসলে আমরাই- আমার পিতামহ অথবা কারও পিতা!
প্রশ্ন করা বারণ; তাই একান্তে নিজেই নিজেকে বলি:
আমার আঙুলগুলি-
সেদিন তোমাদের মুখে-মাথায় শুভাশিস মুছে দিতে পারলে,
একটু ভাল বোধ হত কি? হতাম কি পাপমুক্ত?
পিঠে-লাঠি-পড়ার নির্বিবেক দৃশ্যটি চোখে নিয়ে-
আমি ঘুমোতে যাই, লুকিয়ে ফেলি দীর্ঘশ্বাস:
নিরপরাধ পিঠে নর্বিবেক লাঠি পড়ার দৃশ্যও কি তবে-
করে নিতে হবে নীরবে অভ্যাস?

ডিজিটাল শৈশব

শিশুরা পড়েনি সংবিধান!
তাই এখন তারাও জানতে চায় না-
রাজার কাপড়ের সন্ধান।
শিশুগুলিও হাততালি দেয়;
কারণ তারা জানেই না,
কি প্রশ্ন তাদের করতে হবে।
তাদের গুরুমস্তিষ্ক ঠাসা-
স্মার্টফোন আর গেমের ঐন্দ্রজালিক রবে;
তাই, প্রশ্ন জাগে না আর কোনো;
কোনো নতুন প্রশ্ন জাগে না-
ডিজিটাল হাতছানিতে হারিয়ে যাওয়া শৈশবে।
স্বাভাবিক প্রশ্নগুলি হারিয়ে গেছে,
অথবা, সচেতনভাবেই, যেতে দেওয়া হয়েছে হারিয়ে।
তাদের প্রশ্নহীন করে রাখার অভিপ্রায়ে।

কোথাও কোনো অনুশোচনা নেই

দরিদ্রের ঘর ভেঙ্গে

নরক কোথায় হে মানব! এই সৃষ্টিতে ঈশ্বরের?
নরকের সিংহদ্বার বানানো হল সেখানে-
যেখানে, সেই দরিদ্রের ঘর ভেঙ্গে, গুঁড়িয়ে,
নির্বিকারে হেঁটে গেল বুলডোজার!
যে দরিদ্রকে পুরুষোত্তম একদিন, নিয়েছিলেন বুকে জড়িয়ে।
যেখানে শূন্যতা বিরাজ করে, হতাশ শূন্যতা-
নিপীড়িত-দরিদ্র-শোষিতের দৃষ্টিতে।
যেখানে ধ্বংসের গর্বে অহমিকা দাঁড়িয়ে বুক চিতিয়ে, অনাসৃষ্টিতে!
যেখানে, কোথাও কোনো অনুশোচনা নেই মানবতার!
যেখানে, কেবল, মন্দির-প্রাঙ্গণ ঝকঝকে সোনার;
আর শোষিতের চোখের জল আজ বিগ্রহের চোখে।
যেখানে, ঈশ্বরের কথা বলে না কেউ আর।
অহমিকার অট্টহাসে চাপা পড়ে যায় দরিদ্রের শব্দ কান্নার;
অহং হুংকার দেয়; শুধু ঈশ্বরের কথা সেখানে বলে না কেউ আর।

আখলাক যেদিন

আখলাক যেদিন নিজের দু'হাত জড়ো করে,
মাথা বাঁচানোর আর্জি জানিয়েছিল,
ঈশ্বর ঐ আর্তিতে ছিলেন।
গো-রক্ষক ঈশ্বরকে খোঁজেনি,
তারা অবাধ ঘৃণার খোঁজে ছিল।
নির্বিবেক নির্লজ্জতাই সম্বল নৃশংস ঘৃণার।
এর পরেও নীরবতা; নেই কোনো শব্দ অনুশোচনার!
আমরা, যারা ন্যুব্জ-কুব্জ প্রজা-
রক্ত ঝরানো-ঘাম-ঝরানো প্রজা, যারা বোড়ে শুধু দাবা খেলবার,
এই আমাদের নামেই তোলা আছে সকল দুর্দশা আজকের।

দলিত

দলিত যুবকের মুখে প্রস্রাব করছেন একজন,
করে চলেছেন নিরুত্তাপ, নির্বিকার!
একজন মানুষ, যাঁকে দেখতে অন্তত মানুষের মত,
প্রস্রাব করছেন-
আর একজন মানুষেরই মুখে- অনুতাপরহিত!
অতঃপর প্রতিশ্রুতির বন্যা... ভাষণের খানাখন্দ...
যেন সেসব দিয়ে মুছে ফেলা যাবে-
সেদিনের প্রস্রাবের কটু গন্ধ!
সবকিছু কি নির্বিকার, ভাবলেশহীন!
কোথাও নেই কোনও অনুশোচনা!
যেন কথা ছিল: সহজেই মেনে নেওয়ার;
অন্তত ভয় পেয়ে মানিয়ে নেওয়ার।
কোথাও নেই কোনও অনুশোচনা!
আর যেটুকু উহ্য আছে: হেঁ হেঁ বাবা!
এটুকু তো স্বৈরাচারের স্বল্প বিড়ম্বনা।

ত্রিপল-ঢাকা দারিদ্র্য

ঝাঁ চকচকে ডিজিটাল হয়েছি, আপ্যায়নে-যতনে,
সোনার থালায় পরিবেশিত অন্ন-ব্যঞ্জনে।
ঠিক তার পাশটিতেই-
দারিদ্র্য ত্রিপলে ঢাকা; দরিদ্রের উৎখাত, নির্বাসন!
সে করুণ-চোখে নীরবে বলে: অতিথি-আপ্যায়ন সারা হলে,
আমরা আমাদের ছেঁড়া-ফাটা বস্তিটুকুতে কি ফিরতে পারব রাজন?
সোনার থালা! জানিনা সে হয় কেমন।
আমরা কখনও দুপুরে খেতে পাই, কখনও বা রাতে;
শুকনো রুটিই এখন মহার্ঘ, ডাল পড়েই না পাতে।
আমরা মানে-মানে সরে যেতে বাধ্য লাঠির আঘাতে।
কারণ, আমার উঠোন-ভাঙা জল, তোমার শীতাতপ;
আমার থালায় ভাত দেওয়ার প্রতিশ্রুতিতে-
                    তোমার মাথার চন্দ্রাতপ।
তাই এখন তোমার অতিথি-আপ্যায়নের পালা-পার্বণে-
ত্রিসীমানায় আমি নেই;
 আমার দারিদ্র্যের সত্যপ্রকাশ নিষিদ্ধ সে অঙ্গনে।

জোশীমঠ তলিয়ে গেছে

নদীর জন্য চাইছি ভোট- এই স্লোগান ঠোঁটে
যিনি দাঁড়িয়েছিলেন ভোটের ময়দানে,
ধুঁকতে থাকা জলঙ্গী নদীটিকে তিনি-
ঈশ্বরী মনে করেছিলেন অকপটে।
গঙ্গাকে দূষণমুক্ত করার দাবিতে,
অনশনে বসেছিলেন যে বৃদ্ধ,
সে অনশন শেষে তাঁর মৃত্যুর নীরবতা।
চোখ-ধাঁধানো প্রকল্পের বিজ্ঞাপনের মাঝখান দিয়ে-
দূষণের বিষ বুকে নিয়ে,
সহ্যশীলা গঙ্গা আজও বহতা।
রপ্ত করে নিয়েছি আমরা সে অপরাধ-বোধ বিষের কারাগার-বাসে;
পরিবেশকে খুবলে খাওয়ার নিত্য অভ্যাসে।
সংযমের অনেক অবসর দিয়ে, আজ অবশেষে,
জোশীমঠ তলিয়ে গেছে পাতালপুরের নিরুদ্দেশে।
ভূগোল থেকে মুছে গেল নাম-ধাম-বিবরণ যার,
আজ নেই অবকাশ ক্ষমা চাইবার।
বিলাসমত্ততার নিপীড়নের কাছে এই হার।
এখানে আরও...আরও... বিলাসের পিছনে ঔদ্ধত্যের, অহমিকার দৌড়...
 বিজ্ঞাপনে আরোপিত ঈশ্বরত্বের সাথে নিজস্বীর ঘোড়দৌড়...
আজ নেই অবকাশ ক্ষমা চাইবার;
আজ নেই অবকাশ ফিরে চাইবার।

এত মৃত্যুমিছিল... তার পরেও!

এত মৃত্যুমিছিল... তার পরেও!
কোন্ দুর্বোধ্য প্রতিশোধস্পৃহায়? কোন্ দুর্বোধ্য প্রতিশোধস্পৃহায়-
নগ্ন নারীদেহ নিয়ে চলে নারকীয় উল্লাস?
অতঃপর দীর্ঘ থেকে দীর্ঘতর হল নীরবতা।
দিনশেষে, বৈষম্য আর অতি-আচারেই-
রাজধর্ম খুঁজে ফেরে সার্থকতা!
ঘৃণা শুধু সংক্রামক নয়, সে সংক্রামক বিষ;
সে বিষ প্রাণঘাতী, হৃদয়বত্তাঘাতী;
সবশেষে অস্তিত্বঘাতী।
রক্তাক্ত হতে...হতে...পরস্পরকে আঘাত হানতে...হানতে...যাত্রী!
দেওয়ালে পিঠ ঠেকে যাওয়ার পরে, বোঝে অবশেষে:
                    অমৃত নয়, এ কালরাত্রি।

আমরা ধর্ম খুঁজি অন্তরতরতায়

সেদিন এক সহকর্মী আমাকে প্রেম নিবেদন করেছেন।
সম্ভবত এ কথা না জেনে,যে আমি সর্বধর্মে বিশ্বাসী।
কারণ, অনতিকাল পরেই হেসেছেন ব্যঙ্গের হাসি:
'হিন্দুরাষ্ট্র হলে, আমরা থাকব এখানে, ওরা যাবে ওখানে;
সেকুলার-রা যাবে কোন্‌খানে? ওরাই এখন বিপাকে।'
ব্যঙ্গের ধার নয়, ভয় গ্রাস করে আমাকে!
অবসাদ জমে ফোঁটা ফোঁটা ঘর্মাক্ত কপালে।
সহিষ্ণুতা কি তবে এখন সংখ্যালঘুতা?
ধর্মোন্মাদনার নামে হিংসাই কি তবে নতুন ন্যায়সংহিতা?
আমরা, যারা ধর্ম বলতে মিলন বুঝি, বুঝিনা বিরোধিতা,
আমরা কি দিন কাটাব অসহায়তায়?
আমরা, যারা ধর্ম খুঁজি অন্তরতরতায়;
আমরা, যারা ধর্ম মানি অন্তরতরতায়।

দশভূজা

ছাদবাগান

ছাদ থেকে ছাদে গল্প চলে দুই দশভূজায় অক্লেশে;
ছাদ-বাগান নিয়ে।
সে বাগানে ঈশ্বর এসে বসেন স্মিত হেসে।
ফুল ফোটার মুহূর্তে- মাতৃত্ব পূর্ণতা পায়-শীত-বর্ষা-বসন্ত
সে বাগানেই অকালবোধনের আগে নীলকণ্ঠ গায়।
ত্রিনয়নী এখানে প্রসন্নতা পায়।
কারণ এখানে কলহমুখরতা নেই; আছে শুধু কুসুমবিকাশের মগ্নতা।
কল্যাণী বাতাবরণে শ্রী এখানে আসীনা পুষ্পদলে।
এখানে পুষ্প বিকশিত, শ্যামলিমা সুস্থির;
সূর্য পাটে যেতে যেতেও দিয়ে যায় প্রতিশ্রুতি উদয়ের।
এখানে ত্রিনয়নী যুদ্ধে-সম্পদে ধীর।
আলোকিত দিকনির্দেশ পরমহংসের- সে দিশা শুধু ভালবাসবার।

দশভূজার চলার পথে

রক্তবীজেরা কি দশভূজাকে করে নিমন্ত্রণ?
সরু দড়ির ওপর অনিশ্চয়তার পা ফেলে,হেঁটে চলে আজ দশভূজারা,
ন্যায়ের মুখ তারা দেখেনি বহুদিন।
রক্তবীজ কি দশভূজাকে এসে বলেছিল?
'দেবী! হব তোমার অনুবর্তী মহিষাসুর বধে!'
নাকি, তারা আসুরিক শক্তিকে প্রবলতর করতে উদ্যোগ সাধে?
তাই আজ ঘরে ঘরে দশভূজা!
তোমাকে পদদলিত করার চেষ্টা কোরো না সফল!
পথ হাঁটো স্তবপ্রিয়তায়;
পথ হাঁটো ধ্যানমগ্নতায়।
আর যত অসুর সেনাপতি; তাদের উন্মত্ত মদমত্ততায় কোরো না দৃক্পাত।
রক্তবীজেরা সৃষ্টির আদিতেও ছিল; থাকবে; আছে-
দশভূজাদের আবাহনের কাজে।
পথ হাঁটো স্তবপ্রিয়তায়;
পথ হাঁটো ধ্যানমগ্নতায়।

ত্রিনয়নী

দানব দেখুক বা না দেখুক, তোমার তৃতীয় নয়ন আছে,
সে দৃষ্টির আশায় কৃপাপ্রার্থী বাঁচে।
তাই বিশ্বাস করি, সত্যি হবে তোমার স্তব:
ভালবাসায় মগ্ন থেকে-
কল্যাণী ভাগীরথীর আবাহন সম্ভব।
বিষণ্নতা মুছে যাক, বেঁচে উঠুক স্নেহ-কোমল তৃণদল!

দেবীর আগমনে পরাজিত হোক অসুরদল।
দেবীর তৃতীয় নয়নের শুভকারী দৃষ্টিতে-
পরাজিত হোক আসুরিক প্রবৃত্তিসকল।

আজ দিন মানবী হয়ে ওঠার

মা! এই যে তোমায় দশভূজা বলে দিই ডাক,
ঐ ডাকে সকালের নরম রোদে শ্বাস নেওয়ার অনুভব নির্বাক।
ডেকে চলি সম্পদে-বিপদে; ডাক দিই শোকে-অশোকে;
ঐ ডাকে উঠে আসি চৈতন্যের গভীর থেকে।
পুজো-শেষের কুয়াশায়, অবক্ষয়ের কুজ্ঝটিকায়;
চিন্ময়ী! করো শুভকারী শক্তির সঞ্চার।
সময় হয়েছে তোমার স্তবে সকালের দিকে তাকাবার।
আমি অর্ধেক আকাশ, সহযোদ্ধা;
দেবী নয়, অবলাও নয়; আজ দিন মানবী হয়ে ওঠার।
আজ দিন শৃঙ্খল ভেঙে এগোবার;
আজ দিন সূর্যোদয়ে পা রাখবার।

আমার ধর্ষিতা-লাঞ্ছিতা বোনেদের ব্যথায় সমব্যথী হয়ে লেখা পংক্তি ক'টি

❄❄❄

ফুলের পাপড়িতে হিংসা মুছে

ফুলের পাপড়িতে হিংসা মুছে ফেলে,
হেঁটে চলে যায় দুর্বৃত্ত কলার তুলে।
পদদলিত ফুলের দেহ নিয়ে চলে পৈশাচিক উল্লাস!
রাজা চুপে থাকে। কোথাও নেই কোনো দীর্ঘশ্বাস!
 কিন্তু সেই শিশু কোথায় আজ আর?
কবি যাকে দিয়ে গেছিলেন ভার প্রশ্ন করবার?
কোথায় সে দেবদূত যে তার ঠিকানা জানে?
সেই শিশু কি আমাদের মধ্যেই ঘুমিয়ে আছে?
শুভচেতনার গভীরে কোথাও, কোনোখানে?
আজ প্রয়োজন তার ঘুম ভাঙাবার;
তাকে যত্ন করে ডাকো কাছে;
সে জেগে উঠে, আজ অন্তত বলুক:
ভয় করিনা, আমার সঙ্গে সাহস আছে।

যে সোনার মেয়েরা

যে সোনার মেয়েরা তাদের রক্তে-ঘামে অর্জিত সোনার অভিজ্ঞান-
ভাসাতে গেছিল গঙ্গাবক্ষে;
রাতের অন্ধকারে যাদের বুকের ওপর উঠে এল ভারি বুট;
লাঞ্ছিত হল যে বীরাঙ্গনাদের সোনার নিশান;
তাদের চোখের জলে লেখা হল কোন্ গৌরব-গান?
স্নেহ-প্রেম-দয়া-ভক্তি...যা কিছু কোমল করে প্রাণ,
হারিয়ে সকলি পেলবতা-
মুখ লুকিয়েছে লজ্জায় মানবিকতা।
সোনার মেয়েদের বুকে পা রেখে,
অট্টালিকার উদ্বোধন-সমারোহ!
এ-ও যদি হয় ধর্মসঙ্গত,
তবে, নৈরাজ্য বহাল কার্যত।
সোনার মেয়েদের সোনার অভিজ্ঞান-
যা তাদের রক্তে-ঘামে অর্জিত,
সে অভিজ্ঞান প্রমাণ করল-
নৈরাজ্য বহাল কার্যত।

সহমর্মিতাকে ডাকো আজ

সহমর্মিতাকে ডাকো আজ!
যেখান থেকে পারো, খুঁজে আনো তাকে।
কোন্‌দিকে ফেরাই চোখ? আজ কোন্‌দিকে?
যেদিকে তাকাই নগ্নতা, পিছনে তার পরিকল্পিত হিংসা।
আজ কোন্‌দিকে তবে ফেরাই চোখ? যেদিকে তাকাই,
ঘৃণার বিষাক্ত ঘ্রাণ ছড়িয়ে চলে রিরংসা।
তারপরে মৌনতা, নিষ্পাপ হবার ভান;
এভাবে কালাতিপাত, অতঃপর কুম্ভীরাশ্রুর বান।
অহং যত লেলিহান, ততই ঘৃণায় শান।
চকচকে ছুরি, লকলকে জিভ, হাতে বেত।
নির্বিবেক ঘৃণার বেসাতির লাভ ঘরে তুলে-
ফসলের বদলে আজ হাতে রইল ধর্ষণের ক্ষেত।
আজ তবে কোন্‌দিকে ফেরাই বলো চোখ?
সহ্য করতে...করতে...
দেওয়ালে পিঠ ঠেকে যাওয়ার পরেও:
আমরা তো মানুষ।
প্রার্থনা করি: 'দানব! তোমারও শুভবুদ্ধি হোক!'

অবসাদ ধুতে চাই আমি

অবসাদ ধুতে চাই আমি।
উদ্বেগকে ভাসাতে চাই সহমর্মিতার ভেলায় হে পরমহংস!
ঘৃণার অন্ধকারকে প্রভু! কাটাতে তো পারে-
প্রজ্জ্বলিত জ্ঞানপ্রদীপ হৃদয় পারাবারে।
আঁধারে হারিয়ে যাওয়ার ভয়-
যে শক্তির কাছে পরাজিত হয়- হেলায়,
সে শক্তির প্রভু! হোক্ সঞ্চার!
আজ দিন- বিশ্বাস দৃঢ. করবার-
অনন্ত হতে পারে না বিষাদের অন্ধকার।
তাই, অবসাদ ধুতে চাই আমি প্রেমময়ী জাহ্নবীতে;
উদ্বেগকে ভাসাতে চাই বিশ্বাসের ভেলায়, ভালবাসার নদীতে।
যে স্রোতস্বিনী যাবে না থেমে ঘৃণার চৌহদ্দিতে।
সমুদ্রে মিলন সে নদীর অবশ্য-সম্ভব-
যেখানে রচিত হয় চিন্ময়ীর নিরন্তর স্তব।
আজ দিন- বিশ্বাস দৃঢ. করবার-
অজেয় হতে পারে না ঘৃণার অন্ধকার।

বিষের সাথে যুদ্ধ

বিষের সাথে যুদ্ধ চলে রাত্রিদিন;
শিরদাঁড়া সোজা রাখা বড় কঠিন।
পথে চলতে বাধা দেয় ধর্ষকাম;
ঘোর অন্ধকার পথের বাঁক, মনের কোণ;
সহমর্মিতা হারাতে-হারাতে... মানবতাও দীন-হীন-ক্ষীণ।
ভয় হয় পথ হারাবার; রাজা নীরব; এখন শুধু তোমার শরণ।
বিপদে-বিপথে প্রভু! জানি তুমি আছো।
তবু, এ দুর্যোগে, ভয় আঁকড়ে থাকে হৃৎপিণ্ড:
বন্দিনী হয়েছি কমলা আমি, আমায় ঘিরে ঘৃণার অগ্নিকুণ্ড।
সে ভয় দশভূজার আশ্রয় নেয় বাঁচার তাগিদে আজ,
ক্লান্ত যোদ্ধা আমি তুলসীতলায় প্রদীপ দিতে গিয়ে দেখি:
স্রোতস্বতী নদী হয়ে ওঠা এখন আমার প্রিয়তর কাজ।
যে নদী ক্লান্ত হলেও, তার আঁচলের পাশেই-
ফিনিক্সকে বেঁচে ওঠার জায়গা করে দেয়, মুছে দিয়ে ক্ষত,
জাগ্রত হোমকুণ্ডের মত।

এবার ভালবাসার কথা হোক্

আমার দেশ নদীমাতৃক

আমার দেশ নদীমাতৃক; এ তার ভৌগোলিক পরিচয়।
ভালবাসা তার আকাশে-বাতাসে-মৃত্তিকায়।
বনে-গৃহকোণে, পর্বতে-প্রান্তরে, ঘাসের আগায় শিশিরকণায়।
সৌভাগ্যে এ সত্য ভৌগোলিক; শুধু ঐতিহাসিক না হয়ে।
কেবল ইতিহাসের পাতা করে যার সাক্ষ্য বহন,
অবাক হয়ে দেখি- তাকে অক্লেশে মোছা যায়,
আজকের ডিজিটাল দুনিয়ায়।
কিন্তু আমার দেশ নদীমাতৃক;
ভূগোলের বস্তুগত অস্তিত্বের কারণেই।
তাই, লাঠি উঁচিয়ে তাকে মুছে ফেলবার ধৃষ্টতা কারও নেই।
নদী কেবল গড়তে জানে।
তাই নদীমাতৃক দেশ আমার-
ঘৃণার পাথুরে হৃৎপিণ্ড নিংড়েও, ভালবাসা আনে।

কোভিড-নাইনটিন

হাতের ওপর হাত রাখা সহজ হলে,
আর কোনো কোলাহল হত না সন্ত্রাস।
হয়তো নয়নাভিরাম ল্যান্ডস্কেপ হত;
অথবা কোলাজ; যেখানে স্মৃতিমেদুর সুগন্ধের বাস।
আসমুদ্রহিমাচল জুড়ে ভালবাসার নির্যাস।
আজ, এখন, হৃদয়ঙ্গম করুক বিধ্বস্ত মনন:
হাতের ওপর হাত রাখতে পারাটা- আশু প্রয়োজন।
কারণ, সেটা না পারা- ভাইরাসের ততটা নয়,
যতটা হৃদয়াবেগের দায়।

ভালবাসার বোধন অমোঘ প্রয়োজন

রাত হলে, প্রকৃতির নিয়মেই অন্ধকার নেমে আসে পৃথিবীতে।
আলোরা আর অপেক্ষা করে না এলেই রাত্রি,
প্রকৃতির নিয়মেই।
তেমনই অন্ধকারও নিয়মানুবর্তী।
এই আলো-অন্ধকার,
পৃথিবীর আহ্নিক গতিজনিত এই রূপবদল-
শুধু আমরা চাই বলে তো নয় প্রিয়!
সৃষ্টির এ প্রয়োজন প্রবল।

আজ যাঁরা বলেন- ভালবাসা তেমন কোনো প্রয়োজন নয়,
নিষ্প্রয়োজন বিলাসমাত্র;
তাঁদের আমি বলতে চাই: ভালবাসার অমোঘ প্রয়োজন-
অন্ধকারের কুজ্ঝটিকা কাটিয়ে প্রসবিত আলোর সন্দীপন।
তবে, আরও গভীর প্রয়োজন- তার প্রয়োজনীয় হয়ে ওঠা।
ঘৃণার লাঠি-সোঁটাকে প্রতিহত করে, এই সময়ের অনিবার্য প্রয়োজন-
আমাদের শুভচেতনার আবাহনে ভালবাসার বোধন।

বন্ধু এসো সুগন্ধী ছড়াই

ব্যস্ত শিয়ালদা-বনগাঁ লোকালে নিত্য যাতায়াত তার।
ভিড় ট্রেনে সারাদিন সুগন্ধী ধূপ বেচে, অবশেষে,
ক্লান্ত বিকেলে, জীর্ণ মাদুর পেতে, নমাজে বসে সে।
যতক্ষণ বিকি-কিনি... বিবিধ দেবতার নাম।
'জাত খোয়া যায় না তো, ভাই'?
'না গো মা, এ যাবৎ খোয়াইনি জাতি।
মাথায় থাকে পেটের চিন্তা, মনে শুদ্ধাভক্তি।
আপনাদের ঈশ্বর, আমাদের আল্লাহ আলাদা-
এ তো বুঝিনা! খুঁজেছি অনেক, লেখেওনি কোথাও!
শুধু জানি, ওপরওয়ালার চৌকাঠে সব রঙ মিলেমিশে সাদা।'
'দেখি ভাই, ঐ ধূপের কত দাম? ঐ যে, জয় শ্রীরাম!'
'দশ টাকা নিই, খুচরা আছে দিদিভাই?'
রোগা, কালো হাত; হাতে বাঁধা দরগার সুতো; এগিয়ে কাছে আসে।
হাতে ধূপের প্যাকেট ধরিয়ে দিতে দিতে সে বলে:
'জয় শ্রীরাম।' দশটা টাকা হাতে নিয়ে প্রসন্ন হাসে সে।
সে সন্তোষের মূল্য আমি বুঝি, আনোয়ারা বোঝে, বোঝে মানবতা।
রক্তচক্ষু, লাঠিধারী নীতিপুলিশ, গোরক্ষা বাহিনী হায়!
অন্তত, এ মুহূর্তটিতে তোলা থাক: তাদের আর তাদের রাজার কথা।
তাদের ধরা-ছোঁয়ার বাইরে এ প্রসন্নতা;
তাদের ধরা-ছোঁয়ার বাইরে এ শান্ত-শুভ্র প্রসন্নতা।

রাখিবন্ধন

ঘৃণার মদিরা পান অনেক হল সাকি!
এসো উষ্ণতা জানাই, হাতে হাত রাখি।
পাশে দাঁড়ানো ভাইটির বা বোনটির-
পদবী না জানতে চেয়ে, হাতে বাঁধি রাখি।
এসো, পরস্পরকে জড়িয়ে ধরি মঙ্গলকামনায়।
কারণ, ভেবে দেখো মানব!এ শ্বাপদসঙ্কুল নিষ্ঠুরতায়-
কোনো সুগন্ধী বেঁচে থাকে না।
 মৃত হয়ে যাবার পর, সকল দম্ভ মৃত্তিকামাত্র সার।
যে যেখানে আছেন উপাস্য দেবতা!
আজ তবে, একটি মৌন মুহূর্ত হোক্ প্রার্থনার!
আমরা যে মানব, শ্রেষ্ঠ সৃষ্টি বিধাতার।
আমাদের ইতিহাস রণ-রক্তের নয়,
হোক্ শুধু শান্তির স্তব-গাথার!

রাবীন্দ্রিক

ঘৃণা যত ঘিরে ধরে অবচেতনে মানবমন;
নিষ্ঠুর শ্বাপদের মত হানা দেয় সুযোগ বুঝে এখন;
চন্দ্রিমা ক্ষীণ নিরাপত্তাহীনতায়;
তবুও হ্লাদিনী শক্তিতে উজ্জ্বল রাবীন্দ্রিক বৃক্ষতল;
সে এক পরম সত্য, যার খোঁজে- হাতে প্রার্থনার চাপরাশ;
সেখানে শুভময়ী শক্তিতে আলোময় আকাশ;
ঘৃণার অন্ধগলি থেকে মুক্তির আপ্রাণ চেষ্টাতে-
স্তবপ্রিয়া ব্রতী হয় মঙ্গলকামনার ব্রতে;
তাই নিঃস্বার্থ সংগ্রামের শেষে-
স্তবপ্রিয়া পূজিতা হন পরমা শক্তিতে;
কারণ, ঘৃণা যেখানে অবাধ সংহারে মাতে,
মানব সেখানেই অঞ্জলি পাতে পরমহংসের আশীর্বাদি হাতে।
ঘৃণা যেখানে নিজেকে অজেয় ঘোষণা করে মদমত্ততায়,
তার আড়ালেই দাঁড়িয়ে আছে ভালবাসার অমোঘ জয়।

ঈশ্বরানুসন্ধান

সকলই প্রার্থনা আজ হয়ে উঠুক আমাদের গান;
আমাদের সম্মিলিত গান; দিনশেষে ঈশ্বরানুসন্ধান;
সেই চেনা মীড়, সেই পরিচিত শব্দবন্ধ...
চেনা-অচেনা সেসব ছন্দ,
যা সম্বল করে, আমরা অনন্তকালের চিরসখাকে-
খুঁজতে বেরোই, পথ হারাই, এবং খুঁজে ফিরি...
এই খোঁজা...এই পথ বাঁকা-সোজা, বেয়ে চলা এই জীবনতরী,
আসলে তো আত্মানুসন্ধান - সব তটিনীর তীরে!
যমুনায়...গঙ্গায়...কাবেরী নদীতীরে....অথবা দামোদরে।
চিরসখার দরশনে, এই সার সত্য জেনে-
মনে জাগ্রত ঈশ্বর বলেছেন এ ঘোর অনাচারে-
সকল প্রার্থনা প্রকৃতই আমাদের গান;
আমাদের সম্মিলিত গান।
এখন শেষে, ঈশ্বরানুসন্ধানে- চিনেছে মন, চিনেছে প্রাণ-
সুগন্ধী অঘ্রাণ।

শীতলপাটি

ভালবাসা আজ আমাদের বলতে চায়:
কি করে বলি, এতদিন কোথায় ছিলেম?
কখনও অরণ্যচারী, কখনও বিজ্ঞাপনের হারেম...
গৃহস্থের সন্ন্যাসপালন- তেমন তো নয় সহজ;
ঝরে পড়ার পরেও শিউলিফুল থাকে বেঁচে,
তারা চিন্তাও করে, করে মোক্ষেরও খোঁজ।

শান্তি আজ আমাদের জানাতে চায়:
হারিয়েছ তোমরা আমার পাঠানো চিঠি;
সে এক কালাপাহাড়ের বুকে ধাক্কা খেয়ে-
ফিরে এসেছে আমার আকুল ডাক।
শ্বাপদ-সঙ্কুলতায়...আমার ঝাপসা হয়েছে দিঠি।

আমরা কি ভালবাসাকে বলব না?
আজ, সব ভুলের অনুধাবনে,
আমরা তোমাকে ফিরে পেতে চাই- হারানো কবিতার মত,
এসো আমরা মগ্ন হতে চাই পুণ্যতোয়ার অবগাহনে;
প্রলেপ পড়ুক ক্ষতগুলিতে; মগ্ন হই শুভকর্মে সতত।

আমরা কি শান্তিকে শীতলপাটি পেতে বসতে দিয়ে, তাকে বলব না?
যত মেধা ভিজে যাক শুভ ইচ্ছার রসধারায়।
যত শুভ আশা, তারা হোক সাকার।
জলসিঞ্চন করে চলি সমবেত প্রার্থনার চারায়;

আজ না হোক কাল- তারা হবে মহীরূহ।
অবসাদ ধুয়ে দেবে তারা; কুঞ্জবনে ভরে দেবে কুহু।

আমরা কি সকলে মিলে বলব না? রবির আলো যেভাবে,
সকল অবসন্নকে বাঁচিয়ে তোলে,
কৃপাপ্রার্থীকে আশিস দেয়,
সকল মুমুক্ষুর সামনে মুক্তির দ্বার খোলে,
আমাদের সমবেত জলসিঞ্চিত করুণার ধারা-
বাঁচিয়ে তুলুক সকল অবসন্নকে-
দিনান্তরে, যুগান্তরে... কোনো পক্ষপাত ছাড়া।

উপসংহার

বিশ্বাস

শকুনির মতে: যুধিষ্ঠিরের ধর্মাচরণ-ই তাঁর শত্রু;
এই প্রত্যয়ে ভর করে-
শকুনি কুরুক্ষেত্র যুদ্ধজয়ের স্বপ্ন দেখেন।
আর, যুধিষ্ঠির বলেন : সদাচার কোনো বিলাসিতা নয়;
একটি স্বাভাবিক প্রয়োজন।
ঠিক যেমন, আমাকে, আমাদের, ধার্মিক জেনে:
দুর্বল, পরাজয়-প্রবণ আর মূর্খ ভেবে নেয় স্বভাব-প্রতারকেরা।
কিন্তু, ইতিহাস যে অন্য কথা বলে!
সে বলে: কুরুক্ষেত্রে জয় কৌরবদের হয়নি।
তাই আমি, ধ্রুবতারার কম্পাস-নির্দেশেই আস্থা রাখব;
যে যাই বলুক, শকুনির পাশার দানে নয়।
নীল আকাশের নির্মল আশীর্বাদকেই বিশ্বাস করব।

ভালবাসা ছাড়া কাউকে চিনিনা

যে যেখানে পড়ছ আমার এ সামান্য রচনা,
একে প্রার্থনা ভেবে-
যত বেশি সম্ভব, হাত রাখো হাতে।
মানবশৃঙ্খল বড় বেশি প্রয়োজন দুঃসময়ের এই রাতে।
যত ঘৃণা, যত হিংসা সব উড়ে-পুড়ে গেলে,
ভালবাসাই সে এক; এবং একমাত্র,
যে বেঁচে থাকে শ্মশানের চিতায়, গোরস্থানের মৃত্তিকায়।
সে শুধু ভালবাসা-
যে বেঁচে থাকে মানুষের খোঁজ নিতে;
শেষ পারানির কড়ি দিতে।
তাই, যে, যেখানে, পাঠক! পড়ছ আমার সাথে,
আরও বেশি করে হাত রাখো পরস্পরের হাতে।
ঘৃণা আর ভয়ের বেসাতি আসলে তো এক;
সওদাগরেরাও পরস্পরের আত্মীয়জন।
তাই, ঘৃণাকে পদদলিত করতেই-
ভয় তার ব্যবসাপত্র গুটিয়ে, আশ্রয় নেয়-
য পলায়তি স জীবতির স্বার্থপরতায়।

যে যেখানে ভয়ার্ত-ক্ষুধার্ত-শীতার্ত! তারা এসো! আমাদের সমবেত প্রার্থনা-
জাগ্রত করুক আমাদের ঈশ্বরানুসন্ধান।
আমরা ঘৃণার বেসাতির মুখের ওপরে
সজোরে দরজা বন্ধ করে বলি: ভালবাসা ছাড়া কাউকে চিনিনা!

সবশেষে, আমার বাঙলার সব লিট্‌ল ম্যাগাজিন গুলির দীর্ঘায়ু কামনা করি

লিট্‌ল ম্যাগাজিন মেলা

আমার বাঙলায়, কল্লোলিনী কলকাতায়, অথবা প্রত্যন্ত গ্রামে
এখনও এমন হয়- উৎসবে উৎসবে ভালবাসার বৃষ্টি নামে।
আমার বাঙলায়, আমার ভালবাসার শহরে এখনও-
বইয়ের অক্ষরের সুগন্ধী শরীর জুড়ে-
নিবেদিত হয় অনেকের ভালবাসা;
মিলেমিশে একাকার প্রেম আর জ্ঞানপিপাসা।
সে আসরের ধুলো পায়ে মেখে যুগলে,
কর্মব্যস্ততার দৌড়ের মাঝে দ'দণ্ড জিরোতে চায়।
সেখানে: কাল কেন আসোনি-র অভিমান-বরফ গলে।
দূর গ্রাম থেকে আসা বৃদ্ধের সাথে আলাপচারিতায়,
পুরাতন লেবু-চা নতুন করে স্বাদু হয়;
তাঁর গ্রামে পূজিতা হন বনবিবি অমোঘ লৌকিকতায়।
সেখানে, উচ্চশিরে সওয়াল করে ছোট পত্রিকা,
সাহস, শুধু সাহসের ভরে, পক্ষ নেয় মানবাধিকারের!
মূলধন সেই তার।
সকল চাটুকারিতাকে বুড়ো আঙুল দেখিয়ে উজ্জ্বল সে শিখা।
সেখানে যারা আসে, তারা পথ হাঁটে ভাঙা পথের রাঙা ধুলোয়-
মৌলবাদের চোখরাঙানিতে নির্ভয়।
আমার শহর এখনও পারে-
ছোট পত্রিকার ছোট প্রাঙ্গনে- গাইতে শান্তির সামবেদ।
এখানে অবাধ্য ঘৃণার প্রবেশ নিষেধ;
তারপরে সন্ধ্যাহ্নিক সেরে, পাখিরা ফেরে নীড়ে।
ঘরে ফেরে যুগলেরা, যারা আলোর পথযাত্রী;
নতুন কবিতা জন্ম নেয় তাদের কথামালা ঘিরে-
মহাকাশের গর্ভে যেমন নিশ্চুপে জন্ম নেয় নতুন নক্ষত্র;
পথ নিজেই অভিভাবক; পূর্ণচন্দ্র মমতাময়ী; ভালবাসাই একচ্ছত্র।

উপসংহার হলেও কবিতার এ নটেগাছ যেন না মুড়োয়, যেন আদরে-যত্নে বেঁচে থাকে

জীবে প্রেম করে যেইজন, সেইজন সেবিছে ঈশ্বর

কোনো মারমুখো রক্তচক্ষুকেই আমি বলব না-
কি আমার ধর্ম, কার আমি করি পুজো, কি আমার জাত।
দিনশেষে ঘুমোবার আগে, ঈশ্বরের সামনে নতজানু হয়ে বসব;
মনের আয়নায় চোখে চোখ রেখে প্রশ্ন করব:
সারাদিনে কি কি ভুল করলে গো? কাউকে করোনি তো আঘাত?
এরপরে যদি দেখি, ঈশ্বরের প্রসন্ন মুখ,
কুয়াশা যা আছে, তা মায়া,
রক্তচক্ষু যতই রক্তগঙ্গা বইয়ে দেওয়ার কথা বলুক!
ঈশ্বরের প্রসন্ন মুখ আমি দেখেছি:
পথ চলতে চলতে...
ক্ষুধার্তের মুখে অন্ন দিতে পারলেই;
ঝড়-বাদলার রাতে, যে লোকটা এসে-
দাঁড়িয়েছিল- ছেঁড়া, ভিজে জামা গায়ে,
তাকে আস্ত একটা সুতির জামা পরিয়ে দিতেই।
অবসাদে যে ছেলেটি ডুবে ছিল,
তার কাছে বসে দুটো কথা বলতে পারা মাত্র-
আমি জানতে পেরেছিলাম, মানবতাই-
এ হিংসার মাঝে আমার একমাত্র গোত্র।
শোকার্তের মুখে সামান্য অন্ন-ব্যঞ্জন তুলে দিতেই-
তার শোক যখন ম্লান হয়েছে,
পরমহংসকে ফরাসডাঙা জেনেছি সে মুহূর্তেই।
সেই শোকার্তকে জড়িয়ে ধরতে যখন,
তার ব্যথা চোখের জলে গলে পড়েছে,

সে অশ্রুধারা আমায় বুঝিয়েছিল:
এ অনিত্য পৃথিবীতে- ভালবাসাই একমাত্র ধন।

তারপরে যখন, দুটো বাচ্চাকে দু'পাতা পড়াতে বসলাম,
চণ্ড আর মুণ্ড রে-রে করে তেড়ে এসে বলল:কোন্ ধর্ম?
কি জাত?
আমি সভয়ে নাকে সর্দি-ঝরা বাচ্চা দুটোর দিকে তাকালাম।
অবাক হয়ে দেখলাম, মুগ্ধ হয়ে দেখলাম-
তখনও, বইয়ের খোলা পাতার দিকেই ওদের মুগ্ধ দৃষ্টিপাত!
আমিও, মাটির নিকোনো দাওয়ায় বসে বুঝেছিলাম,
চণ্ড-মুণ্ডের আস্ফালন নয়, দেবীর আশীর্বচনই সত্যি।
তাই, তুমি, আমি, আমরা- যারা ঈশ্বরের সৃষ্টি,
আরও স্পষ্ট করে বললে, বলতে হয়-
এক ঈশ্বরের সৃষ্টি;
আমরা আজ কোজাগরীর ভরা চাঁদের আলোয়-
স্নান করে, পবিত্র হয়ে,
নিজেদের বাঁধব শুদ্ধ প্রতিজ্ঞাবদ্ধতায়:
কোনো মারমুখো রক্তচক্ষুকেই আমরা আর বলব না-
কার আমরা করি পুজো, কি আমাদের ধর্ম।
আজ, এ মুহূর্ত থেকে-
শুদ্ধসত্ত্ব পথ স্থির করে দিক্-
আমাদের ধর্মময় নিঃস্বার্থ কর্ম।

www.ingramcontent.com/pod-product-compliance
Lightning Source LLC
LaVergne TN
LVHW061601070526
838199LV00077B/7128
9789359892924